De la piel al alma, del alma al papel

De la piel al alma, del alma al papel

Mara I. Alayón Rullán

Título: De la piel al alma, del alma al papel

Escritos: © Mara Isabel Alayón Rullán

Imágenes: © Mara Isabel Alayón Rullán

Todos los derechos son reservados.

2024

ISBN 979-8-218-38334-3

Agradecimientos

Gracias,

Primero a Dios y a la vida, por permitirme ser, vivir, estar, escribir y amar.

A mi familia, que me han seguido cada paso a corta y larga distancia, que me han enseñado el significado de la palabra incondicional.

A mis amigas de mi islita querida, que han estado tan presentes en todo momento y me han enseñado como se siente el apoyo y el amor genuino.

A mis amigos de lo que se convirtió en mi segundo hogar, STL, que me abrieron los brazos sin pregunta alguna y me hicieron sentir como en casa desde el día uno.

A mi terapeuta, que me ayudó a reconstruir y volver a pegar cada pedacito de mí que había dado por perdido en el camino.

A quiénes me hicieron sentir de una manera u otra, porque haber coincidido significó aprendí a querer, doler, sanar y, sobre todo, ponerme primero a mí.

Para quienes aprendieron a sentir.

I. Un cielo anubarrado

La primera mitad de este libro se basa en muchos sentimientos y emociones que llegan luego de experimentar pérdidas de alguna manera.

Momentos que son parte esencial para nuestro crecimiento como seres humanos y como entes que sienten, mucho.

En ocasiones las personas tienen que llegar a tu vida por un tiempo establecido, esto para que aprendas algo, para que enseñes algo, o ambas. Y aunque no sean para siempre, fueron parte de tu única vida, y si eso no es significativo, no sé qué lo es.

Todo lo que hay en la cabeza

Quizás yo lo inventé,

sentí un calor que nunca estuvo,

o quizás con mi frío terminé cancelando el tuyo.

Quizás las miradas estaban,

pero doblemente de mi parte.

Era todo un simple juego,

y a mí se me olvidó como mover la ficha.

Quizás no entendí correctamente,

o tus palabras se enredaron con las mías.

El eco las distorsiona, o eso me dijeron.

Quizás solo estuvo en mis intenciones,

más nunca en las tuyas.

Fuimos un nada, uno bien claro

Es fácil contar la historia, lo he logrado hacer en dos idiomas y en un sin número de ocasiones. Lo difícil es entender el porqué. Yo no sé lo que siento, solo sé que no debo sentirlo. Yo no sabría definirlo, solo sabría decir que sé que no debe existir.

No necesito una respuesta, claramente no es de vida o muerte.

Pero la quiero, la quiero porque siento que la merezco, que alguna parte de mí sentirá ese alivio que tanto andaba buscando y que sabía dónde encontrarlo, pero tenía mucho miedo del final.

Más que miedo del final, ahora, siento miedo del transcurso. Jamás diría que dedicar tiempo a alguien es tiempo perdido, siempre hay piezas bonitas que recoger y las que no son bonitas, estoy segura que, aunque las recojas y algunas te corten el dedo, y sangres un poco, al menos te ayudan a crecer.

No sé porque no he podido controlarlo, quizás es que hacía demasiado tiempo no conectaba con alguien como lo he sentido contigo. Y quizás no estaba preparada. Llegó de sorpresa, y aun teniendo en cuenta cuanto me gustan las sorpresas, está se siente diferente.

Porque aun estando conscientes que no hay nada, se siente algo. La matemática no está funcionando. Y buscar esa respuesta, sea cual sea, es lo único que estoy esperando. Sentido, sentido a este sentir tan desordenado.

Y lo sé. Probablemente me debería ir y no esperar, porque está más que claro que no hay nada por lo que quedarse, pero hay cosas que pueden más que la razón. Y aunque normalmente, mi ruta favorita es la racional, no me ha funcionado como solía. O quizás contigo no la sé usar.

Aunque el sol no vuelva a brillar para nosotros

Me gustaría pensar que te mudaste, que te fuiste a otro planeta o a otro universo.

Que estás incomunicado o que simplemente no encuentras las palabras, que estás bien, pero que algo de esto te hace falta.

Que en una realidad paralela no cambiarías ninguno de nuestros momentos, que significaron algo y que se te escapa una sonrisa cuando te acuerdas de algunos.

Que a veces piensas en mi risa o en mis ojos color miel, que no has olvidado cuan "fuerte" soy, y cuanto odio perder.

Que recuerdas cuanto amo los cumpleaños, lo mucho que me gusta el vino tinto y la manera en la cual me tomo el café.

Me gustaría pensar que te acuerdas de las series que vimos juntos y como acabaron luego de los credenciales, que no se te olvida de quien es mi canción favorita, ni como se sentía estar cerca de mí.

Que todavía tienes las respuestas a mis preguntas sin lógica, que guardas alguna foto de nosotros y que cuando ves un atardecer bonito llego a tu mente.

Que aún te darían risa las palabras que no sé pronunciar en inglés, que a veces buscas mi nombre entre tus contactos con la intención de llamarme a contarme de tu día o a ver que tal el mío, que cuando haces algo nuevo piensas en cómo reaccionaría al escuchar tu emoción.

Que cuando te sientes solo, recuerdas que nunca lo estás, me gustaría pensar que ya no te auto-destruyes cuando sientes que las cosas van mal y que recuerdas que te prometí que al final, todo va a estar bien.

Quiero pensar que has pensado, que igual has sentido.

Que me dejaste ir así solo porque me conoces, y sabes como soy, porque sabes que no miro atrás una vez lo decido, pero quiero pensar que, aunque sabemos que esto era lo correcto, no era lo que querías, porque no era lo que quería yo.

Para nosotros, nunca quise el olvido.

Transporte

Buscamos transportarnos entre nosotros mismos,

el plan siempre fue ir de punto A a punto B,

pero recorrimos todo el abecedario.

11:01

Me gustaría explicarte lo que siento,

pero es que ni yo misma lo entiendo.

A veces pienso que te has mudado a mí,

pero luego me doy cuenta que llevas un tiempo viviendo aquí.

Quisiera decirte cuanto te pienso,

pero creo que eso conlleva decir lo que hay dentro.

Aprendí con dos o tres golpes que en ocasiones lo que se siente no

es todo lo que se necesita,

que cuando no es recíproco duele más cuando se multiplica.

Que se debe andar con cuidado,

con veinte ojos, pero un solo corazón,

y que, aunque en algunos momentos funcione,

no siempre te va a dar paz quedarte en ese cajón.

Ese que te gusta pensar que te protege,

pero muchas veces solo evita sentir un dolor.

Un dolor que es necesario para crecer,

entender que las cosas en la vida van y vienen,

pero que tu persona se define exactamente de eso,

de lo que sientes.

Mirándome

Ahora mírame a los ojos,

y así dime cuan fácil fue.

Como ninguno de los dos pensó en como esto se desenvolvería,

aceptemos que los dos perdimos, desde esa primera mañana que

mirándonos nos confiamos tanto en medio de un café,

o si más que ser un simple momento, al final dolería.

Ahora mírame a los ojos,

y me dices cuanto necesitaste esa complicidad,

que nos llevó a crear un mundo nuestro al que ya no se le dará

continuidad.

Mírame a los ojos, porque así es más fácil, porque así duele más.

Mirándome, porque nunca he sido persona de alargar procesos,

siempre me ha gustado quitar la banda de un tirón,

que el golpe sea lo suficientemente duro, que nadie salga ileso.

Mírame a los ojos y dime que esto ya no se mueve, que ya no va,

ya terminó.

Mírame, sin promesas, sin rencor, sin un adiós.

La de mirada triste

La de mirada triste,

la que se le aprieta el pecho.

Pero la que tiene muy claro como ocultarlo,

la que llora por dentro,

y en la superficie se mantiene en calma.

La que nunca niega un abrazo,

porque siempre lo necesita.

La que se cura las heridas sola,

pero nunca logra que cicatricen.

La que vive dentro de ella misma,

y su reto más grande siempre será,

salir de ahí.

¿Qué se siente?

¿Qué se siente cuando no se sabe lo que se siente?

La que siempre tiene algo que decir,

la que nunca juega todas las fichas (pero hace ver como que sí).

La que a primeras se guarda lo que realmente piensa,

porque alguna vez le dijeron que nunca hiciera la primera oferta.

La que a veces se contradice y odia la incertidumbre,

pero nunca se ha sentido en suelo estable, ni alguna estrella que en el camino le alumbre.

Una vuelta

Me encantaría pensar aún que el mundo conspira a nuestro favor,

es más, todavía lo creo.

Todavía creo que el globo que habitamos da sus vueltas para ponernos en el lugar exacto, en donde encajemos en tiempo y espacio.

Todavía pienso que el sol nos da, a los dos, calor y alegrías a propósito.

Todavía me gusta pensar que las estrellas brillan para asegurarse que no nos tropezamos (otra vez).

Todavía pienso que el mundo nos quiere ver bien,

pero al parecer bien no es sinónimo de juntos.

Entre paréntesis

La ironía de sentir(te)

y quedarnos en silencio.

La paz que trae el dolor

de escuchar la realidad.

La luz que trae la soledad,

la sensación que deja

lo que no es visible a los ojos.

El vacío que intenta completar tu espacio.

El espacio que se llenó con palabras,

las miradas que hacen el camino llevadero,

la oscuridad que te quita el calor,

la mentira que duele,

las palabras que no guardaste,

todo por la ironía de sentir(te).

Uno, dos, dispara.

Lo que duele no es el momento,

lo que duele es la espera.

La espera, mirar por la ventana y ver que ya se fue la primavera.

Porque no sentirte cerca y saber que ya no estarás aquí, desespera.

Desespera tanto que hace que todas las otras cargas, que todas las otras fuerzas sean ligeras.

Y quien me viera, deseando que volviera lo que siempre intenté evitar que existiera.

Lo que nunca me libera, lo que lastima y altera y me reitera que seguir esperando me quiebra, aunque así no lo quiera.

Sin peros

Fuerte son las olas, que ahogan, pero se rompen.

Fuerte es el sol, que alumbra, pero se esconde.

Fuerte es el fuego, que quema, pero se apaga.

Fuerte es el hielo, que congela, pero se derrite.

Fuerte eres tú, y sin peros.

Cristal

Sin vueltas,

bueno... con algunas,

pero no tantas como para marearse.

Ni tan directa como quería, ni tan evitativa como temía,

de frente y a los ojos.

Poniendo en la mesa cosas que nunca pensé,

dejando salir lo que no me dejaba salir a mí.

La dirección siempre fue clara,

pero la claridad a veces se nubla,

especialmente cuando lo ves todo a través del cristal,

cristal que yo misma coloqué,

en el que llevaba toda una vida encapsulada.

Quizás porque siempre pensé que era muy pequeña,

a pesar de tener en cuenta que soy un ser humano completo.

Pequeña, me sentía, pequeños mis sentimientos y mis pesares.

Muchas veces vi la puerta, y aun así terminé saliendo por la ventana.

Muchas veces me vi completa y yo misma me hice pedazos.

Muchas veces.

Me tomó más tiempo del estipulado, pero pude salir.

Y ahora que ningún cristal está entre mi vista y lo que veo,

entre mi sentir y lo que busco,

entre lo que quiero y lo que encuentro.

Puedo ver que no hay nada más certero que la seguridad,

y nada más desesperante que la inconsistencia.

Y ahora está... todo claro.

Contradíceme

Cuando me pediste que me quedara la primera vez,

cuando volvimos a coincidir en una noche de vinos y palabras,

cuando nuestras miradas volvieron a retomar complicidad y nuestras risas comenzaron nuevamente a sonar al mismo ritmo,

cuando dimos comienzo a compartir tiempo y espacio, pensamientos y frustraciones, dolores y alegrías,

cuando volviste a ser parte esencial para que mi día comenzara.

Era una de esas películas, que ves e indiscutiblemente sabes cómo acabará desde el minuto uno y medio,

sabía que era un error, sabía que dolería.

Y esperaba que me contradijeras, que el calor de tus brazos, el viene y va de tu respiración, los besos suaves y las largas noches no dolieran.

Que me contradijeras, que los abrazos que no son lo mío, aunque contigo funcionaban, que sostenernos la mirada para ver quien rompía el hielo, no despertara ninguna sensación, que algo de esto me dijera que estaba equivocada.

Que me contradijeras, que las canciones compartidas, las horas en la cocina, los días apoyándonos, no solo formarían parte de un simple recuerdo.

Que me contradijeras, que no iba a doler, que no iba a acabar mal, porque no iba a acabar.

Que me contradijeras, cuando dije que no habría vuelta atrás sin romper algo, sin dejar una herida.

Que me contradijeras.

Sin derecho a reparaciones

Ojos húmedos, debilidad en tus extremidades, un sin sabor en los labios.

Son las pequeñas cosas, los momentos que parecen insignificantes.

Es cuando menos lo esperas, cuando ya sientes que ni lo piensas.

Cuando se rompe tu rutina,

no vuelve a llegar esa llamada,

no recibes esos buenos días,

cuando es imposible ir a esa cafetería sin recordar su orden,

o volver a aquellos espacios donde sentías paz y ahora solo hay un silencio ensordecedor,

cuando sientes la ausencia de algo que ni siquiera tuviste,

cuando revives momentos,

cuando les arropa la indiferencia.

Ahí es cuando te das cuenta de que ya no está, que ya no hay vuelta atrás, que se rompió sin derecho a reparaciones.

Que dolió más de lo que esperabas, y que, aunque nunca fue, indiscutiblemente, ya no será.

dos mil diecinueve

Cuando me contaste todos tus planes a futuro.

Cuando me llevaste contigo a conocer tus amigos, cuando dijiste que querías saber que quería yo, que querías entenderme y que querías quererme.

Cuando prometiste que coincidíamos en la vida y que le pedíamos los deseos a las mismas estrellas.

Cuando el sol no me dejaba mirarte a la cara y me decías que no era importante, porque tú si podías verme a mí.

Cuando según tú, mis ojos eran tu color favorito, te gustaba como sabían mis labios y mis manos eran tu amuleto más importante.

Cuando me dijiste que querías ser el centro de mi mundo, que estaba dando muchas vueltas en tu cabeza y que necesitabas que estuviera a tu lado.

Cuando me confiaste y confíe.

Cuando me decías que te daba paz y una fuerza que no conocías antes.

Cuando me rompiste el corazón de poco a poco, cuando tus intentos fueron nulos, cuando me dejaste sola y pensando en ti.

Cuando me hiciste sufrir en silencio.

Cuando finalmente me fui, cuando acabó y cuando entendí, diste todo lo que tenías, no era tu culpa que tuvieras tan poco.

Atención

Contigo descubrí lo mucho que me gusta poner atención en los pequeños detalles,

pude ver que siempre llevas la misma cadena, pero que lo demás es solo para momentos especiales.

Que siempre utilizas el mismo lugar para colocar el cargador en tu apartamento,

que cuando abres una botella de vino lo haces con la misma cantidad de cuidado a cuando decides hacer una taza de café,

que no cambias la manera de entrelazar tus brazos cuando estas de pie sin importar quien esté alrededor.

Que siempre cargas con tus ganas de saber más, con tus preguntas y tus cuestionamientos, a todos lados,

que te encanta aprender cosas nuevas y que no te es importante si algo no te sale a la primera.

Que pretendes que el mundo piense que estás tranquilo, cuando estás muerto de miedo y tiemblas por dentro,

que te brillan los ojos cuando hablas de los temas que te llenan y especialmente cuando te sientes escuchado, pero no lo piensas dos veces para disculparte porque sientes que has dicho más de lo que debes.

Que explicar cómo hacer algo te hace sentir bien y te molestas si no te ponen la atención suficiente, pero te ríes al segundo.

Y con estos pequeños detalles de ti me quedo, con el recuerdo.

Alguien tenía que decidir

Depende de ti.

Depende de mí.

Así que ya sabemos cómo acaba.

O por lo menos, ya sabemos que acaba.

Salvarte en pedazos

Dentro de mí siempre ha vivido el falso sentido de que es mi responsabilidad salvar al mundo.

Sin darme cuenta que,

en cada ocasión dejaba un pedazo de mí a cambio.

11:11

En cada estrella fugaz que veo,

pido el mismo deseo,

que en ese preciso momento estés feliz,

aunque sea sin mí.

Lo que nunca te dije

Me guardé tantas cosas,

y aunque ya no puedo decírtelas,

espero que algún día las leas de aquí…

Empiezo por decirte que tu compañía también me hacía sentir bien,

que siempre sabía por dónde iban tus chistes, pero me gustaba dejar que te emocionaras al contarlos,

que sabía cómo hacer muchísimas de las cosas que me "enseñaste", pero no pretendía interrumpir la manera en la que te sentías al final…

Que aprendí mucho contigo, que me encantaba cuando me contabas de las cosas que te gustaban, aunque fueran de niño,

que disfrutaba cuando estabas hablando sin parar y me dolía un poquito cuando te disculpabas al hablar por un buen rato, porque yo también me he sentido así.

Que nunca esperé más, que nunca quise más,

que, para mí, dar nunca significó que esperaba algo a cambio.

Que agradezco que fueras parte de mí por ese tiempo estipulado,

y por los momentos que la vida nos prestó,

por tus preguntas que me ponían de mal humor y tus malos humores que me daban risa.

Que disfruté cada momento, aunque detrás de mi cabeza sabía que esto tenía fecha de expiración.

Que deseo que sanes todo lo que cargas, que se te abran todas las puertas que deseas, que nunca se apagué tu energía y que siempre, aunque sea un poco, te acuerdes de mí, de nosotros.

Por si tenías duda

Me consta que nunca te dije que te quería,

pero aquí te lo dejo por escrito,

para que cuando quieras,

lo confirmes.

Coincidir

A veces pienso que coincidimos el uno con el otro solo para enseñarnos,

o mejor sin darnos crédito, solo para aprender.

Y aunque me quedo con mucho de nosotros,

joder, no entiendo porque tuvo que doler.

La única respuesta

Hoy me dijeron que tal parecía que te habías desaparecido de la faz de la tierra,

me preguntaron que sí sabía dónde encontrarte,

y por primera vez mi respuesta fue que no.

Y me dolió, me dolió que mi respuesta fuera honesta,

que realmente no sabía que había sido de ti.

Que la última vez que nos vimos, no nos despedimos,

pensando en cuanto tiempo más tendríamos.

Y no funcionó así, a los mismos espacios no volvimos,

que no se escucharon más nuestras risas juntas

y que no regresamos a esos lugares que fueron nuestros.

Que no hubo un abrazo al final del día,

ni un beso al principio de la noche,

que tu mano ya no iba a bajar por mi cintura,

ni la mía por tu cuello,

que volver a ser, ya no era una opción.

Perdí

Te prometo,

que tu pecho se sentía mi hogar.

Te aseguro,

que muchas veces me hiciste sentir más segura que nunca.

Te confirmo,

que fui más fuerte de lo normal, contigo.

Creo que por eso sentí que dejarte ir, me dejó un pequeño vacío,

porque cuando te perdí, no solo fue a ti,

perdí un lugar, perdí un espacio seguro, perdí un poco de mi fuerza.

Hoy

Hoy duele un poco menos que ayer,

pero no importa,

porque me consta,

que duele más que mañana.

Montaña rusa

Fuimos una montaña rusa,

subimos y bajamos tantas veces, que no puedo contar,

estuvimos en todos y cada uno de los puntos del cielo,

pero por decisión propia también nos quemamos en ocasiones.

Única

De las heridas que deja el tiempo, a todos nos sobran.

De las cicatrices que deja el adiós a todos nos llegan.

Un último beso,

una última carta,

un último abrazo...

una última palabra.

una única despedida.

Nuestro peor enemigo

Y es que entre nosotros había un espacio,

uno que solo podía llenar nuestro peor enemigo,

el tiempo.

El mismo tiempo que hizo que coincidiéramos aquella noche,

que a su paso compartimos secretos y dolores,

tiempo que nos otorgó la oportunidad de conocer hasta lo más profundo del otro,

nos enseñó a descifrar las miradas de cada uno,

hizo que el silencio fuera cómodo si estábamos juntos,

con el que nos enredamos tantas veces, pero nunca nos caímos,

tiempo que nos dio mucho y más,

pero que al final, nos obligó a soltarnos.

Culpas

Encontremos un culpable,

yo apuesto a tu mirada,

o a mi sentir,

al espacio que nos unió,

o a la conexión que logramos,

yo apuesto al dolor y a las risas,

a los abrazos y las caricias.

Y tú, ¿hacia dónde mueves las fichas?

Lee esto

Ojalá no pensar en ti nunca y que ni siquiera hubiese un recuerdo.

Ojalá fuera tan fácil como intenté hacerlo ver.

Ojalá no querer que volvamos a vernos.

Ojalá no me doliera.

Ojalá no sentir.

Ojalá leas esto.

Y ojalá pienses en mí.

Me tocó entenderlo

Y creo que eso fue lo más importante que entendí de nuestro tiempo,

que no me tocaba a mí reconstruirte mientras tú me desarmabas.

Preguntas

Si hace un tiempo me hubieses preguntado que dolió más,

diría que haberte dejado entrar,

abrirme con quién no pude ver que quería de mí en realidad.

O no haberme ido antes,

me lo debía.

Si hoy me preguntas que dolió más,

diría que mirar atrás,

porque quiero recordar un nosotros,

pero uno que no existe,

uno que nunca se despidió.

Cierra los ojos

Hoy cerré los ojos y pensé en ti,

en que siempre me creíste capaz de cuidarme sola,

en como derretiste el invierno que llevaba dentro y a su vez hiciste que lloviera sin advertencias,

en cómo se sintió la última vez que nos miramos directamente a los ojos,

y en nuestra última conversación,

en cuanto me complicaste las matemáticas,

la cantidad de veces que no conectaste tus palabras con tus acciones,

la cantidad de veces que sí.

Hoy cerré los ojos y no sé qué sentí.

Y odio sentirme así.

Dicho esto, me tomo el atrevimiento de pedir,

cierra los ojos tú,

y dime, si piensas en mí.

Sin ti

Lo más que me chocó,

es que me di cuenta,

que al final dolía más,

estar contigo,

que sin ti.

Nunca

Siempre he pensado que mi poder más grande es la indiferencia.

Pues me pesa mucho menos que a otros,

pero que jodido, que está presente, si nunca la visibilicé para nosotros.

Te agradezco

Te agradezco, por enseñarme a no confiar.

Por darme la razón en ser tan cerrada en mí.

Por volver a desarmar piezas al minuto que las reconstruía.

Por romper cosas dentro de mí que no sabía que tenía.

Por hacer que doliera.

Por esconder tus intenciones.

Por no darle importancia a mis emociones.

Por querer más a tu ego.

Por hacer temblar mi suelo estable de la peor forma.

Por quitarme a tu manera.

Gracias,

porque conocí lo que no quiero para mi vida.

Pregunta retórica

Me gustaría saber que te llevaste de mí, o de nosotros.

Con cuantos recuerdos te quedaste y cuantos espacios todavía te recuerdan a mí.

Si aún conservas esas cosas que están conectadas a mí de alguna manera o si todavía cuando escuchas algunas canciones viene a tu mente cuanto me gustaban (o cuanto no).

Quisiera saber con qué te quedaste, si todavía, cuando quieres, das tanto cariño y cuando no, lo quitas tan de repente.

¿Qué te llevaste de mí? ¿De nosotros?

Espero que alguna memoria que te haga sonreír, honestamente espero que quizás también alguna que te haga sentir, que duela o que no, eso te lo dejo a ti.

Consciente, de que nunca tendré mi respuesta,

y agradecida, porque alguien que dio tan poco,

fue porque en ese momento no tuvo espacio para tanto.

Por último

Siempre he sido experta en ser esa persona que, de alguna manera u otra, se encuentra la culpable de cada situación que ocurre en su periferia,
que prefiere cargar con su dolor y con el que no le toca también,
que siempre se pone de último porque siempre ve en los demás razones por las cuales deberían ir primero,
quien piensa que merece todo lo que pese y nada que le alivie la tristeza.
Así que, por último,
suelto todas las culpas que cargaba del por qué terminó,
las que me decían que no di todo lo que podía o que di demasiado,
que no fui lo suficientemente fuerte, ni lo suficientemente ágil para moverme entre tus ideas y pensamientos.
Que si di mucho es porque mucho fui y si percibiste poco es porque ese es el tamaño de todo lo que puedes pensar que mereces,
que nunca necesité ser más fuerte, que nunca necesité ser más rápida o tener un plan para no tener que despedirme.
No quiero que haya culpables aquí,
ni tu culpa por no poder ser, ni la mía por irme,

suelto mis culpas, y te suelto a ti.

II.   El sol siempre vuelve a salir

> La segunda mitad de este libro, incluye pensamientos que me ayudaron a seguir con el camino que había luego de la tristeza, agradeciendo a personas que me ayudaron a reconstruir lo que pensé que se había roto, cosas que me ayudaron a darme cuenta de quien realmente tiene el poder de sanar a uno mismo.
>
> Para mí fue muy importante darme cuenta de cosas que a veces creemos evidentes, porque las podemos ver en todos los que nos rodean, pero que difícil verlas en nosotros mismos.
>
> La calma y el agradecimiento serían las palabras para describir los siguientes escritos.

Sol

Un día me levanté y fue el día que me di cuenta de que no iba a doler más o por lo menos no con tanta intensidad.

Que debía estar agradecida y satisfecha, porque no todos tienen el don de amar, o quizás no de amar como lo hago yo. De sentir, de poder dar todo, de esperar lo mejor, aunque se vea venir el golpe. Que, aunque a veces el corazón pesa, el mundo sigue, el sol sale.

¿Y adivina qué?

No se acabar el amor.

Puedes amar otra vez,

puedes amar las veces que quieras.

Hermanas de vida

A las que me escucharon horas contando las mismas historias de todas las perspectivas posibles.

A las que me vieron llorar y se quedaron a secarme las lágrimas en la misma ciudad o al otro lado del mundo.

A las que escucharon mis notas de voz eternas y me respondieron cada una de ellas.

A las que me apoyaron, pero siempre me dijeron lo que tenía que escuchar y no solo lo que quería.

Las que siempre me dan balance, aunque estemos a miles millas de distancia.

A ustedes que las veo tan llenas de amor, de ganas de comerse el mundo.

A las que tienen el poder de ver más allá del dolor y de los obstáculos.

A esas que me enseñaron que sin ser familia se puede amar genuinamente, que siempre están presentes, que se alegran de mis logros más que yo y que nunca pierden la fe en mí.

A ellas que quisiera que nunca dudaran de cuan grande son, de cuanta luz dan cuando pasan y de la cantidad de paz que proyectan.

Gracias por su amor, por ser y por estar.

Queda camino

Al final del día solo hay una cosa que es segura,

has llegado hasta aquí,

y has podido con todo.

Suelta lo que te pesa más de la cuenta

No es tu responsabilidad cargar con todo,

puedes soltar algunos paquetes en el camino,

puedes pedir ayuda si pesan mucho,

puedes compartir la carga.

Tienes derecho a cansarte,

a decir que no, o que sí,

a que te duela, dejar ir y a irte.

A olvidar, encontrar recuerdos guardados en cajones,

descansar, aprender y desaprender,

a renovarte, volver a empezar y poner puntos finales.

No te des tan duro en el pecho,

ese pecho que guarda lo más lindo que tienes,

lo que te hace tan especial.

Porque un corazón que ama tan bonito,

jamás debe sentirse tan solito.

Lana

Gracias por recibirme con tanta emoción cada vez que abro la puerta.

Por acostarte a mi lado en las largas noches de desvelo y en las madrugadas que no podía contener mis lágrimas.

Gracias por hacer de mis días nublados un poco más livianos, por hacerme sentir acompañada en todo momento.

Por quererme sin importar como se ve mi piel, si estoy peinada o no, que ropa tenga puesta.

Gracias por llenar una casa que estaba vacía.

Por tu emoción que está tanto cuando salimos al parque como cuando corremos dentro de la casa.

El amor incondicional viene contigo.

Siempre amanece de nuevo

Acuéstate a dormir,

con tranquilidad.

Si hay una cosa que te puedo prometer,

es que mañana,

vuelve a salir el sol.

Todo lo bonito

La constancia de la rutina

El desorden de quienes amas

Lo profundo de sentir

Lo superficial de desear

El frío del otoño

El calor de quienes están

La voz que te caracteriza

El silencio que te acompaña

Leer un libro nuevo

Escuchar una canción vieja

Una cerveza fría

Un café caliente

La compañía de tus personas

La soledad de la tuya

La risa desde el corazón

La complicidad en una mirada

Conectar, desconectar, aprender y desaprender

No tenemos todo el tiempo del mundo

La vida me contó que nuestro tiempo aquí es tan incierto.

A veces hasta difícil de amar, pero es tan bonito.

Por eso me prometí que nunca más iba a dejar el café enfriar o que la cerveza se calentara,

que mientras pueda nunca me perderé una puesta de sol,

nunca dejaré de escuchar una canción que me traiga recuerdos, leer un libro que me haga sentir.

Que estar aquí, tiene sus cosas, sus puentes rotos, pero que fortuna,

el saber que está en tus manos hacerte del tiempo, o hacer del tiempo tuyo.

Así que a la vida me queda agradecerle:

por lo fuerte que me hace creer que soy,

el amor que me dan mis personas,

las veces que me ha hecho despertar,

los sueños que me ha dado,

y los que me ha cumplido.

Y que siempre me ha hecho saber que lo que viene en camino, es mejor que lo que está.

¿Suerte?

La próxima vez que pienses que fue suerte,

te doy permiso de mirar atrás,

(solo por esta vez).

Para que recuerdes cuán rápido corriste para llegar,

cuantos caminos construiste,

cuantos puentes cruzaste,

cuantas vidas marcaste.

La próxima vez que pienses que fue suerte,

quiero que recuerdes,

que suerte, es tenerte a ti.

Mosaico

Mi firma tiene detalles de la de mi papá y la de mi mamá.

Mi café me hace extrañar el de mi abuela.

Cuando veo hermanitos jugando deseo que tengan la misma complicidad que he tenido yo con mis primos.

Amo los atardeceres, son mi cosa favorita y cuando veo uno memorable, envío una foto a una de mis mejores amigas, porque compartimos eso.

Trato de hacer las cosas con calma como he visto a mi abuelo hacerlas toda mi vida.

Al abrir cualquier puerta lo hago lentamente, porque mi perrita siempre espera ahí y me acostumbré.

Cuando compro mi vino favorito recuerdo a otra de mis mejores amigas, porque lo probamos juntas por primera vez.

La cantidad de canciones que me acuerdan a personas es infinita.

Adopto palabras que escucho si paso mucho tiempo con alguien.

El olor a protector solar me acuerda la antigua casa de mi tía y el olor a caoba la de mis abuelos.

Es cierto eso de que estamos hechos de pedazos que vamos uniendo por la vida.

Y qué bonito.

Del Mar

Transparente como el agua del mar,

una fuerza inmensurable como las olas en su regresar,

intensa y peligrosa como el sol al quemar,

memorable como se siente por primera vez arena caliente pisar.

Con esto quiero que también entiendas que,

aunque se sienta peligroso sentir tanto como lo haces tú,

la marea nunca se ha disculpado por ocupar todo su espacio,

o por su profundidad,

y tú,

tampoco deberías.

Mereces

Mereces un amor en calma, un amor suave.

Y cuando digo esto, no me refiero específicamente a alguien que te alabe.

Una persona que en tu día sea pieza clave y que no dude, que si sus miradas se cruzan no necesite que le hables.

Que quererle sea tan fácil como abrir un candado con su llave, tan dulce como agave y que quede en los libros de historia para siempre como el casabe.

Algo que queme como fuego, rápido e intenso, pero que nunca influya el ego.

Que pase lo que pase nadie se haga el ciego y que sea histórico como monumento griego.

Que no haya ruegos, ni se confunda con un juego, que nunca se deje un "te quiero" por un "hasta luego".

Quédate con...

Quédate con los recuerdos bonitos,

con esas miradas que llevaron a algo más,

con esos abrazos que te calentaron cuando temblabas de frío por dentro,

con esas palabras que te sacaron una sonrisa o te hicieron sentir paz,

con ese silencio que te hizo compañía.

Quédate con lo que te enseñó,

con ese adiós que más adelante te dio la razón,

con esa puerta que se cerró, para que abriera la ventana por la cual se veía mejor,

con esas lágrimas que regaron tu alma,

con esa pisada en falso, que te enseñó que siempre te puedes levantar otra vez.

Quédate con lo que te ayudó,

con esa frase que leíste y te ayudó a seguir,

con esas manos que te sostuvieron cuando tropezaste,

con ese hombro que te dio un espacio para llorar,

con esos brazos que fueron tu hogar seguro mientras duró.

Mi hogar no tiene paredes

Siempre pensé que mi hogar era el lugar donde ocupé un espacio por más de veinte años,

esas cuatro paredes que te vieron en muchísimas etapas y donde tienes tantos recuerdos.

Más tarde entendí que mi hogar es algo más,

es donde siento paz.

Dicho esto, entendí que mi hogar no tenía un techo, ni cuatro paredes,

que en mi hogar no había muebles, ni mesas.

Que en mi hogar había un corazón que latía al son de mis canciones favoritas,

unos ojos que siempre me iban a mirar con amor y unos oídos que siempre iban a estar a la mayor disposición de escucharme,

un cerebro que guardaba muchas memorias juntos, unas piernas que se levantaban y daban pasos en la dirección que lo necesitara,

unas manos que no importaba cuantas veces lo habían hecho, me secaban las lágrimas una y otra vez, unos hombros en los que podía descansar y saber que estaba segura.

Mi hogar son mis personas.

Hazlo tú

Camina. Corre. Ve.

Di lo que sientes. Grítalo. Llora.

Piensa en ti. Ponte primero.

Sé egoísta. Sé contigo como eres con todos.

Maneja tu tiempo para ti y tu vida a tu tiempo.

¿Por qué no para ti?

Brillas,

cuando caminas y cuando hablas,

el calor con el que llenas un cuarto con tus pasos al entrar es increíble,

no sé si has notado la felicidad que transmites a todos a tu al rededor,

las risas que salen cuando comparten contigo.

Los abrazos genuinos que te dan las personas en la calle,

la confianza que proyectas y la manera en que te extrañan de un lugar cuando es hora de partir.

Todos los que han dejado cosas porque tú eres más importante y te lo han hecho saber,

Y si brillas para todos,

¿por qué no para ti?

A cero grados

A cero grados o a mil,

tu presencia quema, mujer

causando incendios dentro de las personas con las que conectas,

sin derrumbar árboles, sin embargo, plantando emociones.

Tu presencia quema, mujer

sin querer o con toda la intención,

cada vez que sostienes la mirada o dices lo que piensas,

que te pones de pie por lo que quieres y que no te quedas en silencio,

como alguna vez te recomendaron.

Tu presencia quema, mujer,

quema porque viniste a este mundo a eso,

a dejarte sentir y escuchar,

a causar todo tipo de revolución.

Tu presencia quema.

Lo importante

Deja que se rompa,

al final del día,

lo que importa,

es que tú estás completa.

Para ti

Siempre me escogeré yo,
ante ti, ante todo.

Volver

Me gustas tú y tus ganas,

tu manera de comerte el mundo,

de ir por ahí dando pasos que se quedan por siempre en la arena,

que la marea no borra,

como cumples todo lo que te prometiste algún día y abrazas todo lo que antes te dolía.

Me gusta cómo te volvieron a brillar los ojos y tu sonrisa encontró nuevamente su hogar,

como agradeces todo lo que tienes y lo que se ha ido, tu forma de ser tan genuina y tu corazón que, al parecer, nunca se rompe por completo.

El calor que das a los demás, que ya no tienes miedo de sentir tan profundo o de irte cuando lo necesitas.

Que por fin te pones primero y tus decisiones van por ti y por nadie más.

Que el dolor se ha convertido en tu maestro y ya no en tu refugio,

que ya no sientes la necesidad de escapar cuando algo va bien, pero también te quedas si algo va mal.

Me gustas tú y me gusta que hayas podido volver a ti.

(G)racias

Por sostener mi mano, incluso cuando temblaba tanto que dolía,

Por salvar mi vida tantas veces con tus palabras,

Por estar, en la distancia, en el silencio, en la oscuridad,

Por quererme, con todos los defectos que existen dentro de mí,

Por escucharme, sin reclamos y todas las veces que fueran necesarias,

Por recordarme que siempre he salido viva de los retos que me ha puesto el destino,

Por encender la vela que me dio la luz para ver claramente el camino,

Por no olvidarte de mí, es más por tenerme tanto en tu mente.

Gracias por no dejarme nunca en los huequitos de la soledad.

No olvidar

Que nunca se vaya de ti esa forma tan real de perdonar, ni esa manera tan bonita de amar.

No olvides que nunca te pesó dar todo lo que sentías en el momento, que nunca esperas nada a cambio.

No permitas que nadie quite tu emoción por las pequeñas cosas, por como se siente un rayo de sol en tu cara, el primer sorbo de café en la mañana, un abrazo después de un tiempo lejos.

Recuerda nunca dejar a un lado tus ganas de ayudar, pero también siempre recuerda que no hay razón por la que te toque a ti salvar al mundo.

Deseos

Deseaba que la próxima vez que te viera todavía te brillaran los ojos,

todavía te sintieras invencible y todavía tuvieras esa sonrisa que reflejaba la felicidad dentro de ti.

En mi corazón quería que cuando mirara a ti otra vez, todavía tuvieras esa fortaleza de siempre,

que cargaras esas ganas tan únicas de comerte el mundo,

de amar, de dar, de ser tú, de estar para todos, pero primero para ti.

Y lo mejor de todo, es que cuando me miré al espejo,

se me cumplió el deseo.

Índice

Un cielo anubarrado 11

Todo lo que hay en la cabeza 12

Fuimos un nada, uno bien claro 13

Aunque el sol no vuelva a brillar para nosotros 15

Transporte 17

11:01 18

Mirándome 19

La de mirada triste 20

¿Qué se siente? 21

Una vuelta 22

Entre paréntesis 23

Uno, dos, dispara 24

Sin peros 25

Cristal 26

Contradíceme 28

Sin derecho a reparaciones 30

dos mil diecinueve 31

Atención 32

Alguien tenía que decidir 34

Salvarte en pedazos 35

11:11 36

Lo que nunca te dije 37

Por si tenías duda 39

Coincidir 40

La única respuesta 41

Perdí 42

Hoy 43

Montaña rusa 44

Única 45

Nuestro peor enemigo 46

Culpas 47

Lee esto 48

Me tocó entenderlo 49

Preguntas 50

Cierra los ojos 51

Sin ti 52

Nunca... 53

Te agradezco 54

Pregunta retórica 55

Por último 56

El sol siempre vuelve a salir 58

Sol 59

Hermanas de vida 60

Queda camino 62

Suelta lo que te pesa más de la cuenta 63

Lana 64

Siempre amanece de nuevo 65

Todo lo bonito 66

No tenemos todo el tiempo del mundo 67

¿Suerte? 68

Mosaico 69

Del Mar 71

Mereces 72

Quédate con… 73

Mi hogar no tiene paredes 74

Hazlo tú 75

¿Por qué no para ti? 76

A cero grados 77

Lo importante 79

Para ti 80

Volver 81

(G)racias 82

No olvidar 83

Deseos 84

Biografía de la autora

Mara Isabel (1998), nacida y criada en un pueblo del centro de la isla del encanto, Utuado, Puerto Rico. Completó su bachillerato en microbiología ambiental en la Universidad de Puerto Rico en Arecibo y en esta misma institución tomó absolutamente todas las clases de literatura que ofrecían. Actualmente se encuentra completando su doctorado en quiropráctica en Logan University, universidad localizada en St. Louis, Missouri. Desde que tiene memoria escribir ha sido la manera más eficiente para dejar salir lo que siente y siempre lo ha practicado, en 2024 por fin se le hizo posible publicar su primer libro, titulado "De la piel al alma, del alma al papel".

Made in United States
Orlando, FL
14 June 2024